Julio Bevione

VIVIR EN LA
ZONA

LECCIONES PRÁCTICAS
Y FÁCILES PARA
ENCONTRAR LA PAZ
INTERIOR SIGUIENDO
EL MENSAJE DE
UN CURSO DE MILAGROS

Estilo de vida • Editorial Arcopress
Directora editorial: Isabel Blasco
Diseño y maquetación: Teresa Sánchez-Ocaña

Imprime: Gráficas La Paz
ISBN: 978-84-17057-29-9
Depósito Legal: CO-2592-2017
Hecho e impreso en España - *Made and printed in Spain*

«Porque
solo hay un
lugar adonde
realmente
puedes ir...»

PALABRAS DEL AUTOR

Hace ya unos 20 años que asistí a un grupo de lectura de *Un Curso de Milagros*. Desde los primeros minutos advertí que el lazo con estas ideas no sería pasajero. Fue la primera vez que sentí que lo que había sospechado del ser humano, se ponía en palabras. La idea de vivir en un mundo donde cada uno va creando su realidad o viendo lo que se permite, lo que puede... encontraba un texto que lo explicaba con profundidad. Pero también advertí que no todos quienes lo escuchaban podían comprender realmente este mensaje capaz de transformar nuestra mirada del mundo y de nosotros mismos. Además de darnos el mejor dato: no estamos solos, hay un espíritu que vive en nosotros y que puede sacarnos de la nube de ideas temerosas en la que todos, de alguna manera, estamos metidos.

Más adelante, como facilitador del curso, el desafío no solo fue que quienes llegaran pudieran comprender el curso, sino también sentir la presencia de ese espíritu. Darnos cuenta, no solo a nivel intelectual, que ya implica cierta humildad para reconocer que hay otra manera de ver las cosas, sino que toda nuestra presencia física se entere. Que podamos sentirlo. Una vez lo sentimos, las dudas mayores pierden fuerza y hay una luz que no se apaga en nuestra conciencia. Podemos quedarnos dormidos, pero esa luz nos despierta.

Vivir en La Zona nació de mi interés por brindar un enfoque práctico y fácil en la búsqueda de la espiritualidad, siguiendo las enseñanzas de *Un Curso de Milagros.*

Lo dedico a mis primeros grupos en Miami y Nueva York donde, en una rueda, nos sentábamos a despertar esta nueva manera de discernir entre lo real y lo irreal.

Hoy, veinte años después, *Un Curso de Milagros* sigue siendo una puerta grande para dar el paso de salida del mundo del miedo y lanzarnos a vivir la experiencia del amor.

Julio Bevione

INTRODUCCIÓN

Contrariamente a lo que puedas pensar, este libro no es un entrenamiento en espiritualidad. Su contenido está diseñado para desarmar las paredes con que has cubierto tu espiritualidad, para vivir naturalmente desde ella.

La espiritualidad es la conciencia de saber que perteneces a algo mayor de lo que siempre hayas imaginado. Es la condición menos humana de todas tus condiciones, la más divina de ellas.

Ser espirituales es reconocer que no hay nada que debas aprender para alcanzar la felicidad, la paz y una vida armoniosa y abundante.

Lo único que debes hacer es darte cuenta de que has pasado gran parte de tu vida evitando vivir desde tu ser verdadero y has construido una identidad que no puede darte lo que realmente quieres.

Este libro te llevará a descubrir La Zona, que está en tu mente y que solo podrás reconocerla cuando la experimentes.

Si bien La Zona no está fuera de ti, el primer paso para llegar a ella lo darás hacia fuera, observando primero lo que te rodea. Para eso, será necesario que trabajes con cada situación, cada persona que está en tu vida y con cada emoción con la que te conectas a algo externo.

Pero ya no pienses en renunciar a cosas materiales, ser vegetariano, vestirte de blanco, ni pasarte el día de rodillas esperando una bendición para elevarte espiritualmente y lograr vivir en armonía con todo lo que te rodea. Ya no es necesario que te enroles en una nueva iglesia, ni pertenezcas a un credo. Puedes hacer todas estas cosas, pero solo prolongarías el camino y sé que no quieres demorarte.

Ese lugar, el único al que realmente puedes ir, está dentro de ti. Caminarlo, requiere tu decisión de viajar y tu compromiso de no perder el rumbo, pase lo que pase.

En estas páginas, podrás emprender un viaje de regreso impulsado por la intención de ser feliz, estar en paz, vivir en abundancia y descubrir el amor, sin permitir que nada inferior te haga desviar del camino o claudicar en tu travesía.

Tu intención de llegar es el primer paso para comenzar a caminar.

Te pido que mientras leas estas páginas, te conviertas en tu propio observador, procurando enfocar tu atención en quien realmente está leyendo.

Observa que a través de tus ojos estás recibiendo esta información. Tus ojos forman parte de ti, pero ellos solo están a tu servicio. Observa quién está recibiendo esta información.

Luego, observa cómo estas palabras llegan a tu mente para ser decodificadas y las recibe el cerebro para procesar estos datos. Percibe dónde va esta información.

¿Tienes estas palabras escritas en tu cerebro? ¿Puedes ver esta información en algún órgano de tu cerebro?

¿Dónde estás registrando realmente esta información?

Toma el tiempo necesario para observar cada uno de estos pasos.

Ahora, sé más específico e identifica quién está mirando y leyendo estas páginas. Observa ese ser que está en ti pero que no es tu cuerpo.

Te pido que, cerrando los ojos, seas consciente de tu respiración, al inspirar y al exhalar. Observa quién está respirando.

Identifica esta energía que está en ti, que da sentido a lo que ven tus ojos y que recibe esta información usando a tu cerebro como instrumento.

Conéctate con la sensación de tu cuerpo.

Deja ir cualquier pensamiento que te distraiga y, respirando conscientemente, mantén tu atención siendo tu observador.

Si no lo logras en el primer intento, síguelo practicando por unos días. No exijas una respuesta. Practícalo como un juego hasta lograr conectarte fácilmente.

«El único lugar al
que realmente puedes
ir, está dentro de ti.
Caminarlo, requiere
tu decisión de viajar y
tu compromiso de no
perder el rumbo, pase
lo que pase».

VOLVER
A CASA

Has pasado mucho tiempo sin saber quién realmente eres. Eres espíritu que vive en un cuerpo físico. Para saberlo solo necesitabas cuestionártelo y permitirte escuchar una respuesta diferente.

Lo que realmente eres, un ser espiritual, nunca cambió.

Tu verdadera identidad nunca se perdió. Solo que no estuviste dispuesto a ver las cosas desde otro punto de vista, por lo que la verdad quedó guardada hasta que la llamaras para salir. Y para mantenerte en esta ilusión de ser quien no eres, creaste un perfecto sistema que te permitió encontrar certeza en tu idea de ser ese cuerpo que contiene el cúmulo de experiencias que has vivido.

Este sistema, pensado para que nunca falle, te dio las mejores respuestas a tus más exigentes preguntas y así evitaste cualquier posibilidad de poner en duda que eres lo que crees ser.

Esa maquinaria se llama ego y el instrumento que armó este escenario fue tu mente bajo su auspicio.

Es decir, tu ego se ha encargado de hacerte creer, hasta el mismo día de tu muerte, que no eres otra cosa más que tu cuerpo, el conjunto de tus experiencias y tus fantasías sobre el futuro. Pero eso es imposible.

Solo existe lo que es verdad y esa verdad es que eres un ser espiritual y como tal, no estás determinado por las leyes del tiempo, no eres perecedero y es imposible que dependas de las oscilaciones por las que tu vida parece llevarte.

Esto ha hecho que pasaras tu vida buscando desconsoladamente volver a recuperar tu identidad, sin ser consciente de ello. Y has buscado donde no podías encontrar.

Ese fue tu único error. Hacer preguntas donde no encontrarías respuestas y buscar donde no había nada.

Has pasado una vida creyendo que eres lo que es imposible ser.

Te has alejado de La Zona con un costo de dolor, carencias y miedo que ya no tendrán sentido cuando logres descubrir la verdad.

Has estado dormido viviendo una ilusión. Pero ha llegado el momento de despertar.

Recorreremos juntos este camino de regreso al lugar que perteneces, concibiendo nuevas preguntas y escuchando nuevas respuestas. Pero ya no puedes preguntarle a tu ego.

Él, que tiene mucha habilidad para innovar, te sorprenderá con respuestas más que tentadoras: eres el mejor estudiante, eres un buen trabajador, eres millonario, eres el marido perfecto o el amante más deseado o probablemente te responda que no eres suficiente para ser ninguna de estas cosas o que tendrás que esforzarte para serlo, sin garantías de éxito.

Entonces, cuando eliges creer a tu ego, aceptas recorrer un camino que te lleva por momentos de dolor y sacrificio.

Cuando crees haber llegado, solo encuentras insatisfacción y, con una nueva meta, pones otra vez la máquina ilusoria en funcionamiento sin ni siquiera cuestionártelo.

Entrar en La Zona es una decisión que no puede dejar lugar a ninguna vacilación. Cualquier duda, sería la aceptación de que el ego tiene parte en este proceso. Y este no es asunto del ego.

Pero él, que se sentirá amenazado, te ofrecerá todas sus herramientas para tentarte a volver a cruzar el puente hacia su propio reino. Para su propósito, te hará promesas de felicidad y despertará en ti dudas lógicamente fundamentadas. Intentará detenerte, calculadamente, en este camino de regreso, posponiendo cada cambio que quieras hacer.

Debes ser consciente que en cada plazo que le pones a tus cambios, vas creando más lazos con un aparente futuro, no permitiéndote tomar acción.

No caigas en estos fantásticos juegos. Seguir su lógica es la que te ha puesto en medio de este mundo lleno de dolor, sacrificio y carencia en el que crees vivir.

Entonces, ¿decidirías seguir poniendo tu confianza en él? Tampoco esperes justificar tu decisión, porque correrás el riesgo de confundir tu voluntad con la del ego y así, hacer interminable la lista de razones que justifiquen dar este paso estratégico.

¡No más juegos! Decide ahora y comienza a buscar la salida que te devuelva a La Zona, donde los valores son auténticos, las experiencias son reales y la paz es la característica natural.

PRINCIPIOS DE LA ZONA

1 ERES ESPÍRITU VIVIENDO UNA EXPERIENCIA FÍSICA

De seguro has escuchado muchas veces esta verdad: estás en un cuerpo pero tu verdadera identidad es espiritual. Obsérvala una vez más.

No eres un cuerpo. Has nacido en él, pero esa no es tu verdadera identidad.

Desde que llegaste al mundo, te reconoces por un nombre por el que todos te llaman, has hecho elecciones que determinan lo que te gusta y te disgusta, construiste una manera de relacionarte y en estas relaciones, la confirmación de quién crees ser.

Has escuchado lo que se dice de ti tantas veces, hasta aceptarlo sin cuestionarlo, durante tantos años, que piensas que eres todo ese conjunto de creencias que has construido.

Hoy podrías hacer una larga lista con todas esas características, asegurando que eres todo ese conjunto de ideas que te definen.

De la manera en que los otros te ven, fuiste creando tus seguridades, aquellas partes de ti en las que crees sentirte más confiable, donde te crees ganador y con la que enfrentas los más grandes retos; y los miedos, definiendo cual es tu parte más débil, por la que irás por la vida defendiéndote, la que te volverá vulnerable y justificará tus caídas.

Este cúmulo de creencias hace de ti la persona que aparentas ser. Pero ese no eres tú.

Reconocer esta mentira es necesario para emprender este camino de regreso.

Reconocer lo que no eres es esencial para darte cuenta de tu verdad.

Una vez que logres despegar tu visión de aquello que tus ojos ven, sabrás que perteneces a un mundo que va más allá de las sensaciones y emociones, más allá de todo lo que conoces, más allá de tus sentidos y, por supuesto, más allá de todo lo que, en este momento, consideras real.

Solo te falta recordarlo, porque ese lugar nunca se alejó de ti.

2 COMPARTES TU IDENTIDAD CON DIOS

Fuiste creado de la misma energía de Dios, por eso es que estás creado a su semejanza.

En esencia, eres Dios.

Has fantaseado mucho sobre la imagen de un Dios con barbas blancas y cara bondadosa. Y en tu equivocación, has hecho un Dios a tu imagen. Esta es la base de todas las fantasías que has creado sobre tu identidad.

Cuando humanizaste a Dios, pusiste en Él todas tus características.

Así, pensaste que a Dios deberías conquistarlo con buenas acciones, pensaste que Él te castigaría para penalizarte, pensaste que te juzgaría y, en tu mayor fantasía, pensaste que Dios estaba lejos de ti, en el paraíso, y tú, haciendo lo imposible por ganarte un lugar a su lado.

Por el contrario, fuiste creado a semejanza de Dios. Es decir, eres un hijo que se parece a su padre y, por lo tanto, compartes con Él su divinidad.

Dios es perfecto, amor incondicional, ilimitado, abundante y sin juicios. Entonces, ¿qué piensas de ti?

Dios no es selectivo ni discrimina. No podría hacerlo porque en donde está el amor no hay diferencias.

Dios está fuera de la ilusoria dimensión del ego, por lo que el tiempo y el espacio son dimensiones que no le resultan conocidas, negando cualquier distancia o tardanza que solo la mente del hombre pueda aceptar.

Entrar en La Zona, te permitirá recobrar esta identidad, la única que siempre tuviste.

Esta es una invitación para comenzar a vivir una vida a la manera de Dios.

3 TODO LO QUE VES Y SIENTES, VIENE DE TI

Como te creíste un cuerpo, también has estado creyendo en otros cuerpos y un mundo de formas. Y así, al verlo afuera, decidiste arreglar el mundo comenzando por lo externo y te excluiste del plan.

¿Y si supieras que nada de lo que existe afuera es verdad, sino un producto de tus creencias?

Así, cada vez que intentaste cambiar algo allá afuera, nunca tuvo un resultado duradero. Y por mucho que lo has intentado y luego de haber dedicado gran parte de tu vida a realizar cambios, planeando nuevas estrategias, sigues viviendo en relaciones parecidas, una economía similar, trabajos que parecen repetirse y experiencias que confirman ser lo que tu crees de ti.

Debes conocer el secreto: no hay nada fuera de ti que haya llegado a tu vida como consecuencia de un destino ajeno a tu control.

Todo lo que ves ha sido tu elección. Como te sientes ha sido tu elección.

Esa realidad nació de un pensamiento y necesitó manifestarse de alguna manera que pudiera ser reconocida por alguno de tus cinco sentidos para confirmar que es verdad.

Estás viendo solo la punta de un profundo iceberg, perdiendo la conciencia de que hay una realidad que va más allá de lo que percibes.

Cada experiencia que vives nació de un pensamiento y esa fue tu elección porque no conocías nada mejor.

Hoy puedes volver a decidir.

4 ERES RESPONSABLE DE TODAS LAS EXPERIENCIAS QUE VIVES

Si la realidad en la que vives nació de un pensamiento y ese pensamiento fue tu elección, entonces tú eres 100 % responsable de tus experiencias.

Has vivido mucho tiempo usando la culpa para garantizar que eso que ves frente a ti y te molesta, no es de tu responsabilidad.

Tu pareja, tu trabajo, tu economía, cada experiencia que consideras real y de la manera como te sientes frente a ellas, son apenas el último eslabón de una larga cadena que nació de un pensamiento.

Pero hasta hoy te sentías ajeno a esa realidad porque no lo habías visto de esta manera, la única que te hará libre.

Nadie ha creado tu vida, excepto tú.

No fueron tus padres, no es tu cultura y menos aún tu pareja. Ellos han sido testigos de tus elecciones y, al hacerlos responsables, perdiste toda posibilidad de cambio.

Todas las experiencias nacieron de un pensamiento que elegiste y ese pensamiento es lo único que debes cambiar.

5 SOLO CAMBIANDO EL PENSAMIENTO, CAMBIARÁS TU REALIDAD

Si tu realidad nació de un pensamiento, la única manera de cambiar la realidad es cambiando la manera en que la piensas. Eso es todo lo que necesitas hacer.

Ya no debes crear nuevas estrategias, ni cambiar a aquellos que no forman parte de una realidad donde puedas vivir en paz y en armonía.

No necesitas esforzarte, ni esperar.

Solo debes aceptar esta nueva verdad: tus pensamientos han creado y construido tu vida.

Luego, deberás mantener una disciplina que te permita lograr una coherencia entre lo que quieres ver y sentir y lo que piensas.

Eso es todo lo que necesitas hacer para ver fuera de ti, lo que hasta ahora dormía como un sueño lejano e imposible.

6 ERES LIBRE DE ELEGIR DESDE EL EGO O LA ZONA

Siempre tendrás la opción de elegir desde el ego o desde La Zona.

Será uno u otro, no puedes estar en los dos lugares al mismo tiempo.

Estas son las dos fuentes que nutren tu sistema de pensamiento: el ego, que es la suma de todas las percepciones nacidas de cada experiencia que hasta hoy has vivido o La Zona, la parte de tu mente conectada a Dios, la Fuente o el Universo.

Sin duda, en ambas encontrarás respuestas. Como te sientas marcará la diferencia.

Una, habitada por el miedo, te recordará que solo aprendes a través del dolor y el sacrificio y que la carencia es una constante en tu realidad.

La otra, conectada al amor, te permitirá recobrar tu condición natural de paz, armonía y abundancia.

De todas maneras, tú decides desde dónde quieres pensar. Los resultados estarán a la vista.

7 EL AMOR ES LA MÁXIMA ENERGÍA CREADORA

Aunque se siente, el amor no es una emoción. Tampoco es una manera de relacionarse, aunque tus relaciones están determinadas por él.

El amor es la máxima vibración energética que, mientras habites este cuerpo físico, podrás experimentar. No hay nada superior al amor.

Donde hay amor, no puede haber enfermedad, ni carencia. Solo hay paz y armonía y la realidad manifestada desde un pensamiento conectado al amor, es abundante en todo nivel.

En La Zona te conectas con el amor,
porque eso eres y nunca dejaste de serlo.
Es tu esencia.

8 EL PERDÓN ES LA ÚNICA MANERA DE LLEGAR A VER LA VERDAD

Perdonar no es disculpar, ni entender, ni justificar.

Perdonar es trascender el juicio que te ató a la culpa, para darte cuenta que no hay razón para sentirla, porque esa razón fue una ilusión.

El perdón es la última estrategia que
debes usar para liberarte de tu ego.
Y la culpa, es la última estrategia que
tu ego usará para unirte a su plan.

Necesitas del perdón para volver a La Zona, pero esta debe ser tu última necesidad.

9 SOLO PUEDES RECONOCER TU ESPIRITUALIDAD CUANDO VIVES EN PAZ

Porque eres espíritu, la paz es tu condición natural.

El conflicto es la confirmación de tu identificación con el ego.

No es necesario el conocimiento para alcanzar la paz,

ni esta es producto de alguna estrategia como la meditación o técnicas de relajación.

Estas estrategias solo te ayudan a aquietar la mente y el conocimiento puede darte un mejor entendimiento de una situación, pero la paz no es necesariamente su consecuencia.

Esas técnicas y estrategias lograron desconectar tu mente del ego, que ha sido la razón por la que has interrumpido tu conexión con la paz. Cuando esto sucedió, redescubriste la paz.

> Puedes reconocer tu espiritualidad cuando sientes paz. Esta es la confirmación de que estás conectado con La Zona.

Y la ausencia de paz, es la confirmación de que perdiste esa conexión.

10 CADA APARENTE SITUACIÓN DE CONFLICTO, DOLOR O CARENCIA, ES UNA PUERTA HACIA LA ILUMINACIÓN

Deberías honrar aquellas situaciones de conflicto, dolor y carencia que has experimentado en tu vida. Si aún no lo has hecho, es porque no has entendido su propósito.

La perfección con que fuiste creado, permitió que las alarmas sonaran cada vez que olvidaras quien eres, desconectándote de La Zona.

Esas situaciones de dolor, sacrificio o carencia tuvieron esas aparentes características para despertarte y recobrar tu identidad.

Poder ver la verdad detrás de esa ilusión es tu misión. Descubrirla es tu única meta.

La iluminación consiste en tener tu conciencia unida a tu máximo potencial, no a tu diminuta idea de quien crees ser.

Si es que quieres ver la luz, la puerta se abre detrás de cada uno de estos momentos de temor.

Pero, más allá de todo, recuerda que también es posible aprender la lección sin conflicto, sin dolor y sin carencias. Es decir, para aprender a estar conectado con La Zona, no es necesario haber tenido que desconectarte de ella. Pero esta siempre será tu decisión.

BENEFICIOS DE VIVIR EN LA ZONA

Vences los límites que condicionan tu vida en cualquier nivel. Te brinda un entendimiento claro de cómo funcionan las relaciones humanas.

Te vuelves en el único dueño de tu destino, pudiendo transformar la realidad en la que vives fácilmente.

Estabilizas tus emociones, conociéndolas y trascendiéndolas. Incrementa la creatividad usándola para manifestar nuevas experiencias.

Trasciendes cualquier conflicto, crisis o enfermedad, beneficiándote de ella.

Expandes la conciencia y te permite vibrar en una dimensión más elevada.

Te abres a la abundancia en todos los niveles de manifestación.

«Has pasado
una vida creyendo
que eres lo que es
imposible ser. Has
estado dormido
viviendo una ilusión.
Pero ha llegado
el momento de
despertar».

UN MUNDO
DE ILUSIONES

Desde tu primera inspiración, cuando llegaste al mundo, comenzaste a unir a cada situación, a cada persona y a cada cosa, un significado de acuerdo a la experiencia que vivías en ese momento. De esta manera, comenzaste a discernir entre lo bueno y lo malo, lo bonito y lo feo, lo conveniente y lo inconveniente, lo que está lejos y cerca de ti. Así nacieron las diferencias, estableciendo un ilusorio mundo que creíste propio, que fue separándote de La Zona y alejándote del lugar donde venías.

Luego, a través de un juicio decidiste darle a cada cosa un significado que sería más o menos permanente. Así, por ejemplo, cada vez que alguien te abraza, tu mente busca en su archivo aquella primera experiencia de ser abrazado y desde allí, en un instante, pasa por todas las situaciones que logre relacionar con aquel momento que estás viviendo. En ese instante, no estás realmente abrazando, sino juzgando ese acto en base a la opinión que tienes en relación a otros hechos que tus juicios han grabado en la memoria y que te permiten decodificar este momento presente.

Toda esta información que fuiste seleccionando, justificará un nuevo juicio que dará sentido a cada una de tus vivencias, alejándote del presente y amarrándote al pasado. Pero eso es una ilusión.

En cada situación de enojo, tristeza o desesperación, es tu propio juicio sobre ese momento lo que le da significado a las causas de esas emociones.

Por lo tanto, nunca te has enojado, has estado triste o desesperado por la razón que creíste.

Si vivieras completamente en La Zona, sería imposible enojarte, entristecerte o desesperarte. Esto sucede solo para recordarte que lo decidiste con la parte de tu mente que no conoce más que lo que aprendió y, al carecer de una interpretación lógica en el presente, viajó por su archivo buscando una respuesta.

Si bien es natural que vivas en La Zona, pues esa es tu condición natural, es más común que actúes desde afuera de ella, porque así lo has hecho hasta hoy, sin saber que había otra opción.

Debes revisar tu aprendizaje y desarmar tus estructuras, si es que quieres realmente vivir una vida en plenitud.

Crees estar siempre en el presente, pero vives la mayor parte de tu tiempo en el pasado y en el futuro.

Cada minuto que te dedicas a pensar en las preocupaciones de lo que ocurrirá, la ansiedad por lo que dejará de ocurrir y la nostalgia de lo que ya no está, te escapas de La Zona, a un costo de sacrificio y dolor.

Una vez más...
No eres tu cuerpo.
No eres el conjunto de todas
tus experiencias.
No eres la opinión que los
otros tienen de ti.
Ni siquiera eres tu propia opinión.

No eres nada que pueda ser perecedero, no eres tus circunstancias, ni eres tu propia historia.

Acéptalo y serás libre.

Permítete pensar una vez más acerca de tu identidad. En esa respuesta encontrarás tu liberación o tu propia condena.

De reconocer tu identidad depende tu fortuna.

Hoy puedes reclamar la mayor herencia que jamás pensaste que te correspondía, o puedes seguir esperando que algo o alguien te devuelva tu reino perdido, viviendo en el desamparo y la desdicha.

Ya no te permitas ser nada que niegue tu propia divinidad.

Reconoce que al olvidar esta verdad, el ego cobró valor y se adueñó de tus decisiones.

Si estás decidido a sacar el valor al ego y volver a vivir en La Zona, estás tomando la decisión de comenzar a vivir una vida basada en el amor y lejos del miedo, con que el has convivido en una absurda relación.

ERES LO
QUE PIENSAS

Tu identidad y el significado del mundo exterior nacieron de un pensamiento. Primero, debieron ser pensados.

Ese pensamiento fue elegido entre las múltiples oportunidades que tiene el universo. Al pensar, optaste solo por una de ellas. Así, generaste un pensamiento.

Al pensarlo, elegiste una posibilidad de las infinitas que existían.

Este es el libre albedrío.

A través de tu mente, eres ilimitado, pero siempre debes elegir.

Esta cualidad te hace diferente de cualquier otro ser vivo que habita la tierra. Por ella, eres libre de ser quien quieres.

Luego, fuiste consciente de ese pensamiento, lo creíste y, al aceptarlo, se volvió tu realidad. Por lo tanto, lo manifestaste. Ese pensamiento tomó una forma física para ser captado por tus sentidos.

Entonces, aquello que está frente a ti, fue pensado, aceptado como verdadero y, de esta manera, forma tu realidad.

Aquello que está frente a ti, no viene sino de ti. Tu mente es la cocina de todas tus experiencias.

Desde tu mente tienes el poder de convertirte en el rey de tu vida, o en tu propio esclavo.

LA MENTE
EN EL EGO

El ego es lo que tú crees ser.

Es el conjunto de todos los pensamientos generados por tus experiencias y tus juicios que aún están en tu mente.

Ellos comparten una característica en común: el miedo.

El miedo desplegó un sistema de pensamiento para poder subsistir a cualquiera de tus intentos por abandonarlo.

Puso la culpa como piedra fundamental.
Esta le garantizó al miedo poder permanecer a tu lado.
Cuando trataste de liberarte de ese pensamiento de culpa, creyendo que podías sacarlo de ti, concebiste el ataque.

El ataque pondría la culpa en lo que tienes al frente, ya sea una persona, una situación o una institución.

Pero esto, solo hizo confirmar lo que pensabas y así, asegurar la subsistencia de ese pensamiento.

Luego, estableciste un conflicto, donde todas las personas y todas las cosas que te rodearon dieron testimonio de aquel pensamiento.

El conflicto confirmaría la verdad de tu pensamiento.

Así, ya no quedaron dudas en aceptar que el miedo es real. Ya no eres solo tú quien lo piensa, sino que también el mundo te lo confirma.

¿Puedes reconocer este proceso en ti?

El precio de caminar estos pasos se hizo evidente: angustia, tristeza, desesperación, carencia y castigo.

De esta manera, creer en lo que pensabas se volvió aparentemente inevitable, pues tu cuerpo lo sentía y tu experiencia lo testificaba.

Cada célula de tu cuerpo había recibido la información y la estaba actuando. Todo el proceso bioquímico de tu organismo respondía precisamente a tu orden.

Y con cada sensación que experimentabas en tu cuerpo, nacía un nuevo pensamiento que confirmaba lo que sentías.

Y caíste en este proceso de adicción, volviéndote esclavo de tus propios pensamientos y rodeado por un mundo que se volvía incontrolable.

Ya ni siquiera pensabas en escapar de él porque se había transformado en tu manera natural de existencia. Parecías haber perdido el poder sobre tu propia vida.

Construiste una cadena de pensamientos que terminó por atarte, condenándote a una inevitable sentencia: sufrirás.

Pero esta fue tu única condena: haber vivido el presente como reflejo del pasado, repitiendo en distintas experiencias un mismo pensamiento.

Entonces, ya no pudiste tomar acción, generando una nueva posibilidad. Tu sistema de pensamiento, a cargo del ego, que bien sabe cuidar sus intereses, jamás pudo aceptar una amenaza.

Ahora, tu supervivencia está basada en la reacción que generas sobre lo que sucede en el presente, usando tu pasado para determinar tu futuro.

Creaste el ser que tu ego dice que eres. Y que tú has creído para ti.

Y si supieras que ese primer pensamiento de miedo, el que creó esta larga historia de dolor, fue solo una ilusión, un juicio que decidiste entre los muchos que pudiste elegir.

¿Estarías dispuesto a romper las cadenas que te atan a lo que tu mismo te permitiste inventar?

Ya no necesitas caminar otra vez el mismo camino para darte cuenta. Solo tienes que, realmente, tener la intención de abandonar esta pesada estructura que has creado.

Cuando lo decidas, estarás listo para volver a La Zona y entender que una suave brisa de verdad puede derribar, en un instante, los sólidos castillos de temor que hasta hoy has habitado.

LA MENTE
EN LA ZONA

Hay en tu mente una parte que parece estar dormida, esperando despertar. Esta es La Zona.

Esta siempre estuvo allí, por lo que no hay nada que debas hacer para llegar a ella, excepto descubrirla y usarla. Para eso, deberás dejar de elegir desde el ego.

La Zona es tu conexión natural y espontánea con el Universo.

Esta se hace posible a través de tu mente, cuando cesan los pensamientos conectados con el ego.

En La Zona puedes recordar quién eres y para qué estás aquí.

En La Zona habita el amor.

Desde ella tienes acceso a la conciencia pura y universal, aquella que va más allá de todo lo que hasta hoy, en este cuerpo, has conocido.

Cada vez que piensas desde La Zona, tienes acceso a las infinitas posibilidades que te ofrece el universo, por lo que te vuelves ilimitado.

Quizás confundas La Zona con la genialidad. ¡Y es que todos somos genios!

Tienes acceso a los mismos pensamientos que pensaron Da Vinci, Freud, Einstein o cualquiera de tus pasadas o futuras generaciones.

Siempre que quieras, puedes acceder a la fuente y pensar de la mano de Dios, aceptando que la creatividad y la intuición son tus cualidades naturales.

Cuando logras trascender los pensamientos del ego, te conectas a una red de infinitas posibilidades.

En La Zona, tienes acceso a los pensamientos que jamás has pensado, a las posibilidades que nunca consideraste y a los sueños que jamás has soñado.

Esta es tu conexión natural, aunque la has estado evitando. Pero nada ha pasado, porque La Zona es totalmente invulnerable al tiempo y las circunstancias. En ella, no hay pasado ni futuro, solo reconoce el presente, por lo que el miedo le es ajeno.

Esta es la única parte de tu mente que no fue contaminada por alguna experiencia, de esta u otra vida.

Ya no es necesario aprender a llegar a Dios a través del dolor ni el sufrimiento.

Desde La Zona, puedes hábilmente trascender cada situación de aprendizaje para que sea solo eso, un momento en el que reconoces tu misión y sigues caminando.

La Zona es tu puerta hacia la cuarta dimensión, a tu evolución veloz y un aprendizaje acelerado.

¿Por qué deberías envolverte en una relación tormentosa para aprender cuánto vales?

¿Por qué deberías pasar por una frustrante experiencia laboral para conocer tu potencial?

¿Para qué dedicar años de tu vida a vivir en carencia para aprender tu lección de abundancia?

¿Por qué esperar enfermarte o morir para descubrir que puedes trascender el cuerpo?

Sigues teniendo la opción de elegir de qué manera quieres aprender. Pero ya puedes ver las dos opciones con más claridad.

No es necesario el sufrimiento ni el dolor, excepto que así lo decidas.

Tu vida debe ser fácil, segura y abundante. Si no lo es, es porque aún estás eligiendo equivocadamente.

Pero no te frustres, porque esta es la lección que viniste a vivir. Este es el paso natural para recobrar tu memoria perdida y este es el momento de volver a elegir.

Todos compartimos esta verdad. De hecho, es la única verdad que compartimos todos los seres humanos, más allá de la cultura, las experiencias vividas, la edad o el sexo. En ella reconoces una única verdad:

Entre Dios y tú no hay diferencias.

Por eso es que en La Zona no sabes de necesidades ni apegos. ¿Cómo podría un pensamiento de necesidad habitar en una mente que no conoce la carencia?

En La Zona vives con la seguridad que todo está completo y es perfecto.

Desde La Zona te conectas con la información de quien realmente eres, evitando preguntarle a tu ego que responderá lo que tú ya conoces, aunque de una manera diferente, para que parezca una novedad.

Si tu ego es la suma de todas tus experiencias, no reside en él posibilidad alguna de acceder a un nuevo pensamiento.

Cada vez que buscas la razón, le preguntas a tu ego. Pero este no te lleva a la paz.

La Zona trasciende cualquier pensamiento de soledad, de tristeza o de dependencia porque a través de ella te unes en un pensamiento de amor incondicional. Desde ella eres independiente a las críticas y los juicios ajenos. Tampoco necesitas la adulación para recobrar tu valor.

Ya nadie deberá llegar a tu vida a cerrar una herida, a darte lo que crees necesitar o a cumplir tus sueños.

Una mente que conoce el amor verdadero, solo quiere compartir su esplendor.

En La Zona, habita la completa seguridad de quién eres tú.

Y esa verdad es la que te hace verdaderamente libre.

Solo debes trabajar con aquellos pensamientos que han nublado tu visión.

Para eso, sigue estos cuatro pasos.

PRIMER
PASO
DESARMA TUS CREENCIAS

Tus creencias están basadas en tus experiencias. La percepción que has tenido de tus vivencias, le han dado un nombre y un sentido a cada cosa.

Lo que has pensado y has dado por cierto, eso se ha convertido en tu realidad.

Por lo tanto, no hay nada que debas cambiar en tus experiencias o tus circunstancias. Eventualmente, ellas cambiaran sin ningún esfuerzo.

Para entrar en La Zona, tampoco necesitas cambiar tu conducta, hacer algo diferente con tu vida, ni pedir asistencia a otra persona. Estas necesidades pertenecen al ego.

Solo debes tomar responsabilidad y aceptar que has estado eligiendo pensar equivocadamente.

Esta decisión fue hecha en tu mente, cuando decidiste darle a una experiencia el valor que tu percepción aprendió de otras ya vividas. Así has estado pensando constantemente en el pasado, perdiendo tu espontaneidad, sin permitirte aceptar las múltiples posibilidades que cada momento te ofrece para que vuelvas a elegir.

Cada evento presente fue pensado desde tu aprendizaje y tus conclusiones del pasado.

Así has vivido mecánicamente sin ver ninguna otra oportunidad que aparecía en tu vida. Y pareces sufrir por ello.

Esta primera decisión no necesita ser analizada.

Tu análisis aportaría más confusión. Y confundirte, en este momento, es brindarle un terreno muy fértil a tu decisión de claudicar.

Solo debes aceptar que lo que pensaste acerca de lo que te preocupa, te causa dolor o te hace daño, fue un pensamiento hecho con tu mente en ego, lejos de La Zona, y ya no es necesario que sea así.

Lo que creaste nació de un pensamiento y ese pensamiento se puede cambiar.

Reconoce que aquello que crees ver no es lo que está frente a ti.

El contenido de dolor, de tristeza o de abandono que estás experimentando no está allí.

Tú estás eligiendo ponerlo en aquella situación o aquella persona que está frente a ti. Pero este es solo un juego que te estás permitiendo jugar. Hay algo más detrás de aquello que estás viendo.

Debes comenzar por quitarle el valor que le has otorgado a tus creencias si quieres ver la verdad.

Si no te sientes en paz, reconoce que tu pensamiento estuvo equivocado y que estás decidido a cambiarlo.

Poner en duda tu percepción es el primer paso para entrar en La Zona.

EJERCICIO 1

Escribe una lista de 10 pensamientos que respondan a las siguientes preguntas:
- ¿Qué pienso de mí como persona?
- ¿Qué pienso de mí como pareja?
- ¿Qué pienso de mí como trabajador?
- ¿Qué pienso de mis padres o mi familia?

Observa uno a uno estos pensamientos, reconociendo que son decisiones que has tomado, pero que no son verdaderas, sino resultado de una elección y hoy estás dispuesto a cuestionarlas.

Solo obsérvalas y repite con cada una, para ti mismo: Yo creí ser..., pero hoy puedo volver a elegir.

Con respecto a otra persona:

Yo creí que es... pero hoy puedo volver a elegir.

EJERCICIO 2

Siéntate en el lugar más cómodo posible, un espacio cotidiano para ti.

Al principio, es importante que evites cualquier distracción externa. Por esto, deberás estar en un ambiente que te permita sentirte completamente relajado.

Cierra los ojos y respira conscientemente, inhalando y exhalando profundamente, hasta ser un observador de tu propio cuerpo. Mantén esta práctica por algunos minutos, hasta que te sientas cómodo al realizarla.

Observa cada pensamiento que llega recordándote un evento. No discrimines ni establezcas ningún juicio.

Detente ahora en uno que te quite la paz. Cuando lo observes, reconoce que lo que estás viendo de esa situación no se encuentra allí, que estás viendo solo un resultado de tus pensamientos y que renunciando a ellos podrás ver la verdad. Al observarlo, repite:

«Lo que veo de..., no está allí».

«Lo que veo de... es lo que decidí ver, pero hoy quiero ver esto de otra manera».

Sabrás que has concluido el ejercicio cuando experimentes paz.

Es importante que comiences haciéndolo con pensamientos que no sean significativos para ti, hasta que tu mente se adiestre a poder cuestionar lo que está en frente.

Ahora, observa tu mente y trae del pasado a aquellas personas con las que crees algo quedó pendiente o te quitan la paz. Respira y obsérvalas. Detente en una de ellas y repite este pensamiento:

«Lo que veo de..., no está allí».

«Lo que veo..., es lo que decidí ver, y hoy quiero verlo de otra manera».

Cuando tu cuerpo sienta paz, significa que aquellos pensamientos de miedo ya no están en tu mente.

Si así no fuera, no insistas. Este ejercicio debe resultarte fácil y natural.

Requiere una práctica constante sobre aquellos pensamientos que quieras trabajar.

El abandono de una sensación de rabia, dolor o tristeza por una de paz, marcará el tiempo de avanzar hacia el próximo paso.

SEGUNDO
PASO

ACEPTA TU PROYECCIÓN

Tus pensamientos son la cinta con la proyectas la película de tu propia vida. Ellos interpretan lo que está en la mente para, mediante tu poder, manifestarlos haciéndolos parte de tu realidad.

Estos pensamientos han creado todas las situaciones en las que vives. Cada pensamiento fue la semilla de una experiencia.

Entonces, lo que crees que ocurre fuera de ti, no viene sino de ti.

Pero esta no es más que una proyección, no una verdad. Has inventado tu propio argumento, convencido que esta historia es la mejor para ti. La has creído y, en consecuencia, comenzaste a vivirla, trayendo a tu vida todas las evidencias para confirmar que es verdadera. Y, en consecuencia, aparecieron las personas indicadas para interpretar tu guión, montando la escenografía perfecta y te nombraste protagonista.

Pero te has dado cuenta que tú, junto a los demás, están actuando un guión que no te gusta.

Estás asistiendo a una película que no quieres ver, que te da miedo, te hace sentir mal y te hace sufrir.

Este paso consiste en aceptar que lo que estás viendo en tu vida, es solo el reflejo de lo que está en tu mente.

Aquello que has aceptado como verdadero se ha convertido en tu propia realidad.

Este proceso es natural. Es una ley que te rige desde el día que llegaste al mundo.

Por lo tanto, no hay nada que debas cambiar, excepto tus pensamientos.

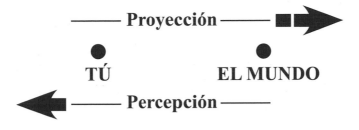

La manera en que reconoces lo que está frente a ti, es percibiéndolo.

Es decir, cuando algo o alguien están frente a ti, tu mente busca toda la información relacionada con lo que tus ojos miran y, luego, tu mente interpreta. Así, el cúmulo de tus propios juicios y la suma de todas tus experiencias, se alinearán en tu mente para brindarle entendimiento a la experiencia en la que te encuentras.

Todos estos pensamientos, en un instante, crearán otro pensamiento aparentemente nuevo, pero este, estará reciclando lo que ya conoce.

Tu mente proyectará este pensamiento, dando contenido a tu experiencia y al verlo frente a ti, podrás percibirlo para confirmar que lo que piensas es verdad.

Pero tu percepción está basada en tu proyección, y tu proyección alimentada por tu percepción, creando un círculo adictivo que solo reciclará experiencias ya vividas, para presentarlas como nuevas, sin ni siquiera sospechar que estés preso de esta adicción.

- ¿Te has preguntado por qué vives experiencias similares con diferentes parejas?
- ¿Por qué tus trabajos se parecen?
- ¿Por qué tu economía tiene ciertas características difíciles de superar?
- ¿Por qué sigues enfermándote de lo mismo?

¿Por qué sigues repitiendo el mismo error aunque el tiempo pase y las circunstancias cambien?

Cuando proyectas pensamientos fuera de La Zona, es tu ego quien decide.

Si en el ego habitan el miedo, la carencia y la división. ¿Crees que tu enemigo podría elegir en tu beneficio?

Alégrate, porque ahora sabes quien estará a cargo de crear la realidad.

Ya no eres víctima de tus circunstancias. Ahora puedes ver que son ellas las que están bajo tu poder.

Si logras ver claramente la escena que has montado ya has dado un gran paso.

Ya sabes lo que te molesta y no quieres para ti. Ahora tienes el compromiso de cambiarlo.

Pero es necesario que reconozcas que fue tu decisión vivir la vida de la manera que lo has hecho hasta hoy.

Podías ver el mundo externo a ti y reconocer lo que no te gusta de él, pero aún no habías aceptado que fuiste tú quien lo había fabricado.

Esas imágenes que te asustaron, de un mundo desafortunado, triste y vengativo, solo fueron necesarias para descubrir esta mentira y recuperar tu poder.

Debes reconocer que si tus pensamientos se engendraron fuera de La Zona, no podías menos que sentir miedo.

Tu único error fue alejarte de La Zona e identificarte con lo que no eres, con lo que no es posible que seas. Aquello que te asusta, no es más que una ilusión a la que habías creído verdad.

Esas imágenes que revelaron tus pensamientos fueron solo símbolos que pusiste frente a ti, en una gran pantalla, para poder ver lo que ocurría en tu mente.

Y esto, definitivamente, se puede cambiar.

 **EJERCICIO 3**

Esta vez elegirás el lugar donde quieres realizar este ejercicio. Puede ser en tu trabajo, en tu casa, o simplemente, mientras caminas por la calle.

Observa tus emociones, cómo te sientes.

Detente cuando no sientas paz. Esta sensación se manifestará en forma de ansiedad, miedo, rabia, tristeza, etc.

Luego, observa tus pensamientos y describe lo que ves.

• ¿Hay algún amigo?
• ¿Está tu pareja?
• ¿Es tu trabajo?
• ¿Hay algún proyecto sin cumplir?

• ¿Qué está ocurriendo en tu mente?

Determina cuál es el contenido de ese pensamiento. Si deseas, escribirlo te hará más fácil la tarea de identificarlos.

Escribe todo lo que te venga a la mente, sin discriminar.

Si estás caminando, trata de mencionarlos para reconocerlos más fácilmente.

Descifra claramente de qué se trata y toma unos minutos para mantener la observación en ellos.

Si fue una situación la que creó esa emoción, repite:

«Fue mi decisión ver las cosas de esta manera, pero ya no es necesario que sea así. Ahora, elijo estar en paz».

Si fue una persona, incluye su nombre en la siguiente oración y repite:

«Fue mi decisión ver a... de esta manera, pero ya no es necesario que sea así. Ahora elijo estar en paz».

EJERCICIO 4

Contesta honestamente cada uno de los siguientes interrogantes.

Al describir los sentimientos, evita aquellos que impliquen a la otra persona. Defínelos en base a tu experiencia. Puedes considerar que te sientes frustrado, avergonzado o furioso, pero no atacado o agredido, porque implicaría a la otra persona.

• ¿Quién realmente te confunde, te da rabia o simplemente te disgusta?

• ¿Qué no te gusta de esa persona?

• ¿Qué le cambiarías?

- ¿Qué le pedirías que cambie primero?
- ¿Qué crees que él o ella deberían hacer?
- ¿Qué consejo le darías?

Ahora debes reemplazar el nombre de esa persona, que solo ha funcionado como testigo de tu pensamiento, por tu nombre.

Vuelve a leerlo.

De esta manera, podrás saber lo que esta persona vino a mostrarte de ti, permitiéndote percibir tu proyección.

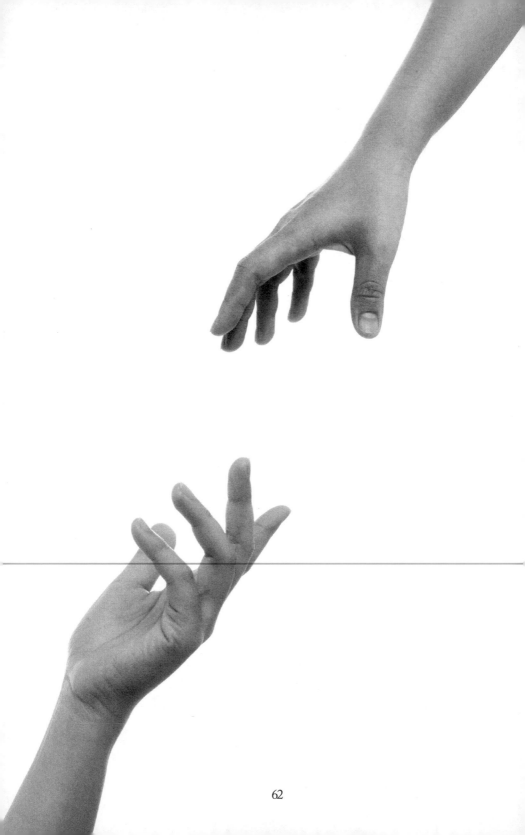

TERCER
PASO

EL REGRESO
A TRAVÉS DEL
PERDÓN

Este paso consiste en mirar otra vez aquellas situaciones que quedaron atrapadas en tu memoria.

Pero esta vez, tu intención será diferente.

Perdonar es liberarte totalmente del pasado, dejando atrás todos los juicios que tuviste y todas las condenas con que los cerraste.

Vuelve a pensar en aquello que quisiste sin lograr conseguirlo, en las personas o situaciones en las que depositaste tu juicio castigador y en aquellas que proyectaste tus propias ilusiones.

Regresa, por un instante, a aquel momento de necesidad, tristeza o abandono. Vuelve a pensarlo, pero esta vez, sube al puente del perdón y viaja por encima de estas ilusiones.

Perdonar, ya no es una estrategia de tu ego, dando la razón al ofendido y absolviéndolo de su culpa.

Ni perdonarte es aceptar tu error.

Culpas y ofensas son palabras que en La Zona carecen de valor.

Perdonar, es ir más allá de cualquier acontecimiento para entender que nunca nada pasó. En realidad, creíste en una ilusión y quedaste atrapado en ella.

Aquello que te quitó la paz, fue solo un símbolo al que le otorgaste algún significado que, al venir del ego, no pudo más que hacerte sufrir.

Esa persona, ese conflicto, esa indeseable situación fue solo una figura, un dibujo que representó aquello que está en tu mente y que sintió tu cuerpo. Pero no es verdad.

No dejes pasar esta oportunidad para renacer en quien realmente eres.

Ese aparente dolor es solamente el grito perdido de tu ego que intenta sobrevivir a tu decisión de ver la verdad.

Al alejarte de La Zona, donde reside tu único contacto con el amor, te sentiste perdido.

Buscando el amor, quedaste preso de una decisión de tu ego, anclado en ese símbolo que está frente a ti para sentirte amado otra vez. Pero, ¿quién sino el ego te ayudaría a buscar el amor donde no lo ibas a encontrar?

Buscando el amor, encontraste parejas, trabajos, posiciones sociales, fortunas materiales. Y te perdiste en su búsqueda. Abre tus ojos para mirar un poco más allá.

Detrás de cada una de esas personas y situaciones, solo estabas buscando volver a experimentar el amor.

Pero has estado buscando donde no podías encontrar.

No hay nada ni nadie que pueda devolverte el amor, excepto tú mismo.

Escapaste del mundo real a un mundo de ilusiones.

Y si el mundo en el que estás es un mundo de ilusiones, entonces, deberás usar una de ellas para regresar.

Ese nuevo trabajo, la pareja deseada y aquel proyecto

son solo ilusiones. Pero también son la puerta de salida de un mundo inventado para poner tu pie en La Zona.

En el uso que hagas de tus ilusiones marcarás la diferencia. Reconoce que su pasajera existencia caducaba cuando, a través de una desilusión, otra ilusión ocupaba su lugar. Pero siempre hubo otra opción.

Solo tenías que ver que detrás de ese símbolo había algo más que lo que percibías.

Solo aceptando que es una ilusión, corres el velo que cubre la verdad para descubrirla.

Y siempre encontrarás amor, escondido detrás de cada aparente necesidad.

Es por eso que tus momentos de tristeza son una puerta para descubrirlo.

Tu desconsuelo, es un pasaporte que te devuelve al lugar que perteneces.

Tus frustraciones, son caminos que te guían hacia la felicidad. Tus miedos, son el espejo en el que puedes despertar a tu verdadera identidad.

El ego, compañero de viaje en este exilio provisorio, se encargó de esconder el amor detrás de estas múltiples y fascinantes ilusiones.

Libérate de la auto-condena a la que sometiste y en la que viviste sacrificadamente bajo leyes que no te pertenecen.

Perdonando, estarás de regreso a La Zona.

Tú decides si quieres aprender la lección, perdonando y recobrando la paz, o si decides confirmar tu error, con otro juicio condenatorio que te garantizará seguir bajo el juego del dolor.

Perdonando, lograrás escapar de esas delirantes estructuras que te encarcelaron, pues el carcelero nunca pudo pensar en la exitosa estrategia que tú podrías ejecutar. En tus manos dejó las llaves y hoy las has encontrado.

Perdonando, abrirás las cadenas que te atan a un pasado que siempre parece volver, haciendo del dolor una estrategia y de la paz un sueño imposible.

Si pudieras ver cuántas piedras llevas en tus bolsillos haciendo lento y pesado tu caminar.

Si fueras consciente, por un instante, de las desdichas que has escrito en el libro de tu vida y con cuantas sentencias hacia tu prójimo te has condenado a ti mismo.

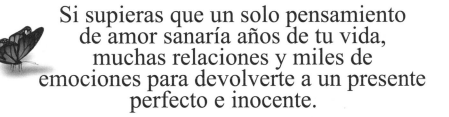

Si supieras que un solo pensamiento de amor sanaría años de tu vida, muchas relaciones y miles de emociones para devolverte a un presente perfecto e inocente.

¿Seguirías eligiendo vivir en el tormento? Ya es momento de liberarte.

Y para lograrlo, no deberás volver a tu pasado para enfrentarte a las caras que te atemorizaron, los momentos que te produjeron dolor y las decisiones que tomaste en tu contra.

No hay nadie a quien debes perdonar. Solo debes aceptar que decidiste ver las cosas equivocadamente.

Pero esto no tuvo consecuencias, porque hoy puedes volver a elegir.

Tus pensamientos construyeron estas historias misteriosas e imposibles que te hicieron protagonista de una ilusión que creíste verdad.

Ahora, puedes volver a respirar y sentirte vivo, otra vez.

Los caprichos del ego han sido descubiertos y tu mente está otra vez en La Zona, en manos de la perfección que te caracteriza, el amor que te contiene y la paz en que descansas.

Ya no necesitas el miedo, porque ya no hay culpas que te aten a él. Ya no hay nada ni nadie a quien temer.

Esta es tu oportunidad.

Entiende que cuando lo hiciste, fue la mejor decisión en ese momento, porque no conocías nada mejor.

Pero hoy eres responsable de tu bienestar.

El perdón es el puente que te llevará de vuelta a la tierra prometida.

Antes de partir en tu viaje de regreso, agradece a quienes tuvieron que vivir el aparente rol de víctima en esta novela de culpas.

Ya no hay más culpas que justifiquen ningún dolor, ni necesitas la presencia de ningún culpable en tu vida.

No es verdad que te hayan hecho daño, hubiera sido imposible.

No es verdad que pudiste hacer daño, ese no eres tú.

Pero creíste que podía ser verdad y debiste sufrir para reaccionar a tu sueño. Ya es momento de liberarte y ser feliz.

EJERCICIO 5

Regresa, por un instante, a aquella situación o a aquella persona que todavía te produce incomodad al pensarla, que te hace perder la paz y a la que estas dispuesto a dejar ir.

En primer lugar, escribe su nombre o describe brevemente la situación que te molesta.

Luego, escribe todo lo que piensas de esa persona o de esa situación.

No discrimines, sé completamente honesto y permítete vaciar tu mente.

Deberás poder leer todo lo que está en tu mente y escribiéndolo lo lograrás.

Permítete escribir espontáneamente, incluso aquellas cosas que creas no te hubieras atrevido a pensar pero estás escribiendo.

No te escondas de ti mismo.

Estas palabras son solo juicios que han mantenido tu ilusión con vigencia, pero no significan nada.

Ahora, reconoce que esos juicios han detenido el tiempo y te han dejado atado al pasado.

Desde que creaste ese juicio, construyendo una ilusión y creyendo en ella, has dejado realmente de vivir.

Reconoce que a esa persona la condenaste con tu propia ilusión, que tu juicio sobre ella o sus acciones te tentaron a sacrificar tu propia libertad y que desde entonces, no puedes encontrar la paz.

¿No te parece demasiado drama para un solo error de pensamiento? Elige mirarlo de otra manera y repite:

«Mi juicio sobre... me ha condenado. Ahora elijo ser libre». Vuelve a pensar en esa situación que permanece en tu mente y repite:

«Mi juicio sobre esta situación me ha condenado. Ahora elijo ser libre».

Quizás sea necesario que repitas este ejercicio con cada persona y cada situación muchas veces, hasta que una sensación de paz confirme que el pensamiento ha cambiado y tú has sanado.

«Lo que creaste
nació de un
pensamiento y ese
pensamiento se
puede cambiar».

CUARTO
PASO

DECIDE
LO QUE
QUIERES VER

Ya puedes identificar lo que no quieres y sabes que solo cambiando tu pensamiento es cómo verás cambiar sus efectos.

Ya conoces las consecuencias de tus pensamientos fuera de La Zona y estás decidido a cambiarlos.

Ahora debes hacer un paso al costado y confiar tu pensamiento a una nueva manera de pensar.

La Zona es la parte de ti que permanece conectada con tu verdadera identidad y en la que compartes las mismas virtudes de Dios.

Tus pensamientos en La Zona son los pensamientos que compartes con Dios.

Ya no es necesario que manipules tus pensamientos, eso sería confiar en que el ego todavía tiene alguna tarea que desempeñar en este proceso.

Es necesario que decidas aquello que quieres ver y dejar que los pensamientos sigan tu intención. Hasta ahora, has visto un mundo donde todo es perecedero, inestable, cruel y lleno de venganza. ¿Es esto lo que deseas ver?

Te sientes entre dos mundos, aquel que te hace daño y aquel que deseas para ti.

Uno bajo el comando de tu ego y el otro sin comandos porque nada teme, no tiene límites y es completamente libre.

Al primero llegaste confundido por una percepción equivocada, le otorgaste realidad y decidiste vivir en él.

El otro es el mundo que siempre quisiste ver y donde hubieses decidido vivir, pero desconocías que estaba en ti porque lo mantenías oculto.

Si vives en la oscuridad en imposible que veas la luz.

Viviendo en la oscuridad, tu ego construyó altas paredes para hacerte su prisionero y ponerte bajo su ley.

Tú, que te creías perdido, aceptaste que este fuera tu hogar y allí quisiste morar. Olvidaste que vienes de la luz y decidiste abandonarte a la confusión.

Hoy has recuperado la confianza para volver a abrir la puerta. Solo debes tener la intención de recobrar tu memoria y recordar quien realmente eres.

Reacciona de tu anestesia de dolor y a tu olvido del amor.

Este es el momento de decidir que mundo quieres ver. Es imposible que puedas ver los dos.

Es necesario que decidas donde quieres vivir.

Es una decisión entre el cielo y el infierno, entre la salvación y la condena, entre la liberación y el pecado, entre el amor y el miedo.

Por un tiempo, te sentiste alejado de aquello que más querías y creíste haberlo perdido. Pensaste que lo que es para ti no estaba contigo y debías luchar por conseguirlo.

Ese trabajo, tu pareja, un nuevo proyecto o la superación en tu carrera se transformaron en metas difíciles de alcanzar, porque estableciste una distancia que te separó de la felicidad.

Estabas convencido que todavía había algo que te faltaba para ser completamente feliz. Y el ego se encargó de ponerlo tan lejos, casi inalcanzable, para asegurarse que tu búsqueda durara tanto como tu vida.

Aceptando esta idea, pusiste el sacrificio y el esfuerzo en tu camino.

Saliste a buscar en tu pareja, en tu trabajo, en tu carrera o en tus proyectos la felicidad que creíste perdida.

El ego usó esas banderas para marcarte una meta que, en su mundo parecen tener validez, pero que son realmente una ilusión.

El destino no es algo ajeno a ti.

Tu destino, determinado por lo que ayer imaginaste como futuro y hoy es tu presente, estuvo determinado por cada pensamiento que permitiste aceptar como verdadero.

Despierta de este sueño en el que crees que alguien decidió por ti. Ni sigas cometiendo el error de pensar que Dios lo hizo.

Dios no determina tu destino.

¿No sería irreverente pensar que Dios podría elegir por ti, cuando te dio toda la libertad de hacerlo?

Y más impertinente aún sería pensar que Dios elegiría una experiencia donde hubiese apego, dolor o sacrificio.

Eres creador de tu propio destino y lo haces desde el pensamiento.

Esta es una verdad que nunca ha cambiado, pero que no pudiste verla de esta manera.

Desde que llegaste al mundo, solo ha ocurrido lo que has deseado.

Cada parte de la realidad en la que vives fue creada por ti. Cada experiencia ha sido aceptada antes de ser manifestada.

Al pensar, optaste por un pensamiento de las muchas posibilidades que tenían.

Esas posibilidades estuvieron determinadas por la fuente de tus pensamientos.

Debes saber que desde que un pensamiento se instala en tu mente, siempre se manifestará.

Entonces, si lo que estás viendo en tu realidad es diferente de lo que piensas, seguramente, deberás observar mejor lo que piensas, para descubrir que hay otros pensamientos que están vibrando más fuerte y que son estos los que están creando tu realidad.

El universo obra con precisión. Lo que ves frente a ti es la manifestación exacta de tus pensamientos.

Existen muchos pensamientos instalados en tu mente que están actuando tan mecánicamente que ya casi no los puedes reconocer. Y así, cada vez que piensas en tener algo, despiertas esos pensamientos que te dicen que no puedes. Cada vez que intentas amar o permitirte recibir afecto, despiertas aquellos pensamientos que te recuerdan que no lo mereces. Y si quieres realizar un cambio en tu vida, aparecen los pensamientos que dicen que ya es tarde o demasiado temprano, pero que este no es el momento.

Todos estos pensamientos que te impiden manifestar la vida que mereces y realmente deseas, fueron aceptados por ti cuando decidiste darle certeza a alguno de tus juicios, construyendo una creencia que formaría parte tu identidad. En realidad, son mentiras que has creído verdad.

Entonces, si todos esos pensamientos fueron creados por ti, eres quien tiene el poder de desarmarlos.

El primer paso es ser conscientes de que esto es así, evitando buscar afuera los culpables de nuestras propias desgracias.

Eres 100 % responsable de crear tu vida.

Los únicos límites que impiden manifestar la vida que sueñas están en nuestra mente. Entonces, es allí donde debes trabajar.

Sin dudas, cualquier camino te llevará de regreso a La Zona. Pero en el tiempo que demores y en la calidad de tu viaje estará la diferencia.

Tarde o temprano estarás de regreso. Nada ni nadie podrán quitarte el derecho de vivir en el único lugar que realmente existe y te pertenece.

Pero habrá una gran diferencia en la manera en que uno y otro camino te tratarán.

En el camino de las ilusiones, estarás bajo las leyes del dolor, del sacrificio y de las pérdidas.

Te sentirás ajeno al amor, por lo que experimentarás soledad, incluso cuando estés acompañado por las personas que te aman.

Este camino está bajo el dominio del tiempo, por lo que todo te parecerá lento y aburrido o demasiado apresurado, elevando tus niveles de ansiedad.

Allí existen las diferencias, por lo que deberás compararte hasta determinar si eres mejor o peor que los otros, generando diferentes estados de angustia, dependiendo en donde te decidas ubicar.

Por supuesto, estarás compitiendo con todos, porque donde no hay amor, nadie puede compartir y hay que luchar porque lo mucho es para unos pocos.

Deberás cuidar tus apariencias, porque de ellas dependerá quien eres. Tu ego ha determinado que eres un cuerpo y de él depende tu existencia.

Y por sobre todo, estarás bajo el dominio de juicios propios y ajenos, condenándote o absolviéndote de tus propias culpas.

El otro camino te llevará directamente a La Zona, donde no tendrás que elegir, porque solo habrá una opción: el amor. Entonces, manifestarás un mundo de paz, balance, alegría, abundancia y entusiasmo permanente.

¿Aceptarías la invitación para volver a casa?

Al reconocer el propósito
de cada ilusión, entenderás que
ya no es necesario permanecer
en ese tormentoso exilio.

Comprométete en volver a cruzar el puente que te regresará al lugar de donde realmente nunca te fuiste.

Ya es tiempo de despertar.

EJERCICIO 6

Prepara dos listas.

En la primera, escribe todas las cosas o eventos que quieres manifestar y que todavía no has logrado.

En la segunda, escribe las razones por las aún no las has manifestado.

Luego de escribirlas con la máxima honestidad posible, vuelve a esta página. Solo regresa al terminar el ejercicio.

Ahora toma la primera lista. En ella has escrito las cosas o eventos que realmente no quieres manifestar.

Esta te ayudará a tomar conciencia que solo manifiestas lo que quieres y que si estas cosas no forman parte de tu realidad es que has tenido otras prioridades.

Luego, entenderás que la segunda lista contiene esas prioridades, aquellas cosas o eventos que realmente quieres para ti, a las que les has dedicado toda tu atención para manifestarlas.

Esta es una manera de descubrir la verdad a cerca de lo que realmente quieres.

Todos lo que quieres te es dado, absolutamente todo.

Pero lo que quieres no siempre es tan evidente, por eso con este ejercicio podrás quitar el disfraz a tus pensamientos, cada vez que creas no estar manifestando lo que quieres y asegurando que es la voluntad del universo.

EJERCICIO 7

Este ejercicio es la esencia de este libro. Permanecerá contigo hasta que sientas que tu mente y tu cuerpo están en paz.

Ten presente que si bien los cambios se reflejarán en tu pareja, en tu trabajo, con tus hijos, en tu economía, etc., ellos serán consecuencia de tus propios cambios.

Primero, debes cambiar tu pensamiento y luego lo reflejarás en tu alrededor.

No podrás reconocer la paz afuera, hasta que no la conquistes en ti.

Tu tarea, si bien muy simple, deberá ser hecha con disciplina. Tu mente debe establecer nuevos hábitos y estos solo ocurrirán con la repetición de estos ejercicios.

Desde que te levantes, y cada cuatro o cinco horas, observarás tu pensamiento. Si fuese necesario, porque sientes haber perdido la paz, lo harás más seguido.

No es necesario un lugar preciso para hacerlo.

Cerrarás tus ojos y comenzarás a respirar conscientemente. Pondrás tu atención a la respiración, observando el aire que entra y sale del cuerpo.

Observa cada parte de tu cuerpo recibiendo el aire y dejándolo ir.

Luego, una vez te sientas cómodo, llevarás tu atención a los pensamientos. Sin detenerte en ninguno, sin enjuiciarlos, observa cómo pasan por tu mente, como pequeñas nubes que llegan por un lado y salen por otro. Simplemente los observarás.

• ¿Puedes ver lo que estás pensando?
• ¿Reconoces qué hay en esas pantallas que distraen tu atención?

Mientras lo haces, observarás cómo tu cuerpo responde a cada uno de ellos.

Cuando no te sientas cómodo, será señal de que un pensamiento de miedo está en tu mente. Entonces, respira profundamente.

Al inhalar, observa cómo la energía de ese pensamiento se une al aire que entra en tu cuerpo.

Al exhalar, observa cómo lo dejas ir. Inmediatamente, experimentarás paz.

Cuando esta práctica se haya incorporado a tu rutina, podrás usarla en cada momento que sientas haber perdido la paz.

Cuando creas que debes luchar por algo o contra alguien, reconoce ese pensamiento y respíralo para dejarlo ir.

Practicarás este ejercicio en situaciones como estas:

Cuando te sientas solo o angustiado.

Cuando creas que careces o necesitas de algo o de alguien.

Cuando tengas dudas.

Cuando te sientas ansioso. Siempre que pierdas la paz.

Con el tiempo, este ejercicio se volverá parte de ti y lo harás naturalmente cada vez que te sientas tentado a abandonar La Zona o cuando reconozcas que ya la has abandonado.

Al respirar conscientemente para cambiar tu pensamiento, la mente se volverá tu aliada y lo lograrás con gran facilidad.

Para que así sea, es importante que mantengas esta disciplina hasta que la incorpores totalmente.

TUS EMOCIONES TE DIRÁN DONDE TE ENCUENTRAS

Cuando creas estar perdido, sin poder observar claramente lo que piensas, las emociones te darán una lectura precisa de donde te encuentras.

La paz es tu condición natural.

La paz puede ser una experiencia física, pero va más allá de lo que tu físico pueda experimentar.

Quizás te conectes con la paz en una meditación, pero también es posible que lo logres en medio de un partido de fútbol, de un examen o mirando una película.

La paz no es una emoción, pero hay emociones que te conectarán a ella. Cualquier emoción que refleje un estado de bienestar, te confirmará que estás en paz.

Entonces, preguntarte cómo te sientes te dará la respuesta a si estás o no conectado con La Zona.

En consecuencia, antes de tomar una decisión, por poco importante que te parezca, pregúntate como te sientes y si te sientes en paz, ya sabes que viene de La Zona.

Si sientes cualquier otra emoción es que estás fuera de ella. Esta emoción no debe ser necesariamente negativa. Puede que te sientas eufórico, pero esto no es exactamente paz.

Si no estas en paz, de inmediato comenzarás a recorrer los cuatro pasos para volver a La Zona y poder decidir con total libertad, sin la adictiva rutina de volver a buscar una respuesta entre los pensamientos que has guardado.

Evita tomar una decisión cuando no te sientas en paz, o estarás decidiendo aprender una experiencia bajo las leyes del ego: el dolor, la carencia, la culpa, etc.

Solo cuando decidas en paz, tendrás acceso a tu inteligencia superior.

Cuando persistas en tener la razón, sabrás que has usado al ego como fuente y que no estás escogiendo el camino que realmente deseas caminar.

EJERCICIO 8

Toma unos minutos para ti. No importa donde te encuentres, este es un ejercicio que te permitirá volver a La Zona.

Necesitarás sentirte cómodo, sentado, parado o acostado, pero tu cuerpo no debe resultarte un motivo de distracción.

Comienza a respirar conscientemente por la nariz y, por un momento, observa la respiración con detalle, cómo el aire entra a tu cuerpo, viaja a través de él y vuelve a salir, concentrando tu atención en este proceso.

Luego, vuélvete un observador de tus pensamientos, no te involucres con ellos.

No importa quien o que es lo que ves, no te detengas.

Si bien es imposible que dejes de pensar, es posible que puedas desprenderte de tus pensamientos, observándolos y dejándolos ir. Al no crear resistencia, te resultará muy fácil lograrlo.

Luego, comienza a unir la inspiración con la exhalación. Mantente respirando por la nariz, formando un círculo de aire que no tiene principio ni fin, donde cada exhalación conecta con la inspiración y esta con la exhalación.

Respira observando un círculo de energía que se mueve a través del aire, entrando y saliendo de tu cuerpo armoniosamente.

Cuando avances en esta técnica, podrás hacerte consciente que, al respirar, solo estás actuando el movimiento natural del universo. Tu cuerpo está siendo movido por la misma energía que mueve las aguas del mar, la caída de las hojas de los árboles y el movimiento de los planetas.

Al respirar conscientemente, te conectas otra vez a La Zona, desconectándote fácilmente de tus pensamientos en ego.

Cada mañana, antes de levantarte, dedica cinco o diez minutos a respirar conectada y conscientemente, dejando pasar todos los pensamientos, solo siendo testigo de ellos.

A diferencia del ejercicio del cuarto paso, no te involucrarás con los pensamientos. Ahora elegirás dejarlos pasar sin crear resistencia.

Toda tu atención estará puesta en la respiración.

Cuando en algún momento creas haber perdido la paz, no importa donde estés, cerrarás los ojos y comenzarás a respirar practicando esta técnica.

Volverás a sentir paz, confirmando que estás conectado otra vez con La Zona.

«Lo que ocurre
fuera de ti,
no viene sino de ti.
Lo que estás viendo
en tu vida, es solo
el reflejo
de lo que está en
tu mente».

TU EXPERIENCIA FÍSICA

Cuando inicias un camino para descubrir la espiritualidad, sueles olvidarte de tu cuerpo físico.

Y es verdad que al camino de la espiritualidad no lo elegiste para lucir mejor físicamente, sino para despertar tu ser interior que por algún tiempo estuvo esperando ser atendido.

Pero, a veces, la espiritualidad suele ser una buena excusa para justificar tu poca atención al cuerpo, al peso, al bienestar físico o a mantenerte en alguna dieta saludable.

Otras veces, confundes la espiritualidad con la posición de loto o la comida vegetariana.

Ni una, ni la otra.

Tu cuerpo es la casa donde más tiempo habitarás mientras recuerdes quien realmente eres. Por eso, es útil preguntarte de qué manera estás tratando a tu hogar.

¿Estás cuidando tu cuerpo con conciencia?

Esto incluye mirar lo que comes, como lo comes y cuando lo comes. También incluye tu actividad física.

Solo se trata de caminar y respirar por un rato al día por el placer de hacerlo, sin ninguna otra intención.

Y todavía queda una pregunta por hacerte.

¿Qué piensas de tu cuerpo?

Si escuchas las cosas que dices de él y como lo describes, quizás te sorprendas al escuchar que la relación con tu cuerpo no es precisamente una de amor.

No eres un cuerpo, pero habitas provisoriamente en él. Así, él proyecta cada uno de tus pensamientos.

Permite que tu cuerpo no dependa de un espejo, sino que él mismo sea el espejo en el que proyectas tus pensamientos, como herramienta para percibir tu propia grandeza interior.

«Solo puedes reconocer tu espiritualidad cuando sientes paz. Esta es la confirmación de que estás conectado con La Zona».

ETAPAS DE REGRESO A LA ZONA

Volver a La Zona es un proceso que bien podría durar un instante en el tiempo. ¿Pero abandonarías completamente al ego hasta llegar a olvidar que alguna vez existió?

Has estado fuera de La Zona la mayor parte de tu vida.

Hoy, que deseas volver a tu estado natural, ya estás acortando caminos.

Sabes que no será necesario volver a caminar los espinosos senderos del dolor, volver a sentir la soledad, esforzarte por alcanzar lo inalcanzable y cumplir, uno a uno, los caprichos del ego.

Ya sabes que no es necesario sufrir.

Esta primera decisión te pone en marcha en un viaje sin retorno.

Pero ese viaje tendrá varias paradas y en cada una de ellas te preguntarás si es tu deseo continuar.

Esa decisión pertenece a tu libre albedrío.

¿Elegirías demorarte, perder tu paz y volver a caminar sobre espinas?

Cuando te lances a esta aventura, comenzarás a experimentar la felicidad y la libertad de ser tu propio dueño. Pero no creas totalmente en lo que sientes. Entiende que todavía el ego está sentado a tu lado sin ninguna intención de abandonarte.

¿Podrías sentir plena felicidad y gozar de libertad con tu enemigo de testigo?

Déjate llevar por la intuición y sé consciente de que estos son los primeros pasos en un sendero que no tiene una marca final.

Bien sabes donde quieres llegar, pero aún no sabes cómo.

«El perdón
es la última
estrategia que debes
usar para liberarte
de tu ego. Y la
culpa, es la última
estrategia que tu
ego usará para
unirte a su plan».

PRIMERA
ETAPA
LA DECISIÓN
DE CAMINAR

Confiado de tu propósito, comenzarás a trabajar con tus pensamientos, con cada uno de ellos. Y a medida que ellos cambien, comenzarás a experimentar cambios en tu entorno.

Aquello que ya no apoya tu aprendizaje y que no esté en armonía con tu propósito, desaparecerá.

Aquellos que ya no pueden enseñarte una lección de desamor y tristeza partirán.

Tus testigos de dolor y carencia elegirán un camino donde puedan sentirse más útiles que estando a tu lado.

Puede que todavía confundas estas despedidas con el dolor y la soledad, pero entiende que aún no has abandonado completamente tu manera de percibir el mundo.

Y llegarán a tu vida nuevos testigos de tu compromiso. Verás a otros que lograron entender este nuevo mensaje sumándose a tu recorrido.

No cedas un solo pensamiento al ego.

Él estará ansioso por recuperar su espacio y enloquecido por mostrarte que la vida a su lado es mucho más entretenida.

Cuando esto pase, recuerda el motivo por el que decidiste comenzar a caminar y de seguro apurarás tu marcha para no dejarte engañar por las fantasías de tu propio engaño.

Cuando te sientas listo y equipado, estarás a punto para comenzar la siguiente etapa.

SEGUNDA
ETAPA

TOMAR
RESPONSABILIDAD

Ya estás encaminado.

Tus dudas han desaparecido y te sientes responsable por cada decisión que nace de ti.

Tu tolerancia al dolor es cada vez menor y tu facilidad para encontrar un lugar de paz es cada vez más común.

Ahora solo quieres lo que te hace sentir bien y tu voluntad ya no se opone a tu propósito.

Ya sabes que tu destino no está esperándote allá lejos y a la distancia, sino que es tu presente.

Lo cotidiano ocupa tu atención y los días comienzan a tener su propio brillo.

Ahora saludas a tus compañeros de ruta con la serenidad y la dulzura que elegiste comunicarte en esta etapa.

Cuando te sientes cómodo en tu viaje, estás listo para emprender la siguiente etapa.

TERCERA ETAPA
LA DECISIÓN DE CONTINUAR

Sutilmente, tu ego te hará saber de su presencia.

Ya no camina a tu lado, pero tampoco te ha abandonado. Tu decisión de evitarlo no ha sido compartida por él.

Quizás te sugiera poner en duda tu caminar y sentir melancolía por aquel que fuiste antes de emprender esta caminata.

Pero, ¿podría el miedo sentirse mejor que el amor?

¿Pondrías en duda tu paz a favor del tormento?

¿Dedicarías un minuto de tu tiempo a actuar una mentira?

¿Crees que todavía queda algo de ti por sacrificar a favor de tu decisión?

No dejes que tu mirada se aparte un instante de tu camino. Sigue caminando.

Agradecerás cada paso y bendecirás cada minuto transcurrido hasta este día.

Mientras recuperas la conciencia de tu poder, querrás multiplicar tus pasos.

Este será el momento de ingresar a la etapa siguiente.

CUARTA
ETAPA

UNA NUEVA
VIDA

Después de tanto caminar, contemplarás, desde el lugar al que has subido, el bello paisaje por el que has caminado.

Disfrutarás observando a los otros peregrinos que pasan a tu lado y los saludarás con la confianza que tienen quienes pertenecen a una misma familia.

Te sentirás feliz de estar donde estás y de haber caminado hasta aquí.

Entenderás que, junto a ti, están todos los que compartieron tu misma decisión y querrás hacer saber a quienes no están contigo, lo bien que se siente estar allí.

Pero entenderás que cada uno sigue su camino.

Y te agradecerás por tu decisión de haber elegido vivir esta única aventura.

CARACTERÍSTICAS DE QUIENES VIVEN EN LA ZONA

A medida que marchas de regreso a La Zona, irás desarrollando cualidades que te harán parte de aquellos que comparten la intención de ser feliz y vivir en paz.

Al descubrir estas características en ti, confirmarás que estás en camino.

IGUALDAD

Hay una ilusión que inmediatamente aparece al poner el primer pie en este viaje de regreso: piensas que dejas de pertenecer al mundo cruel en que vivías para habitar un mundo fácil, dócil y simple.

Pero, ¿qué era ese mundo cruel sino la proyección de tus pensamientos?

Si todavía percibes algún resto de ese mundo alrededor de ti, si sientes que todavía hay alguien que no cruzó el puente contigo o si crees vivir en La Zona pero sigues viendo el mundo que dejaste al otro lado, no has aprendido aún tu lección.

Entre tú y tu hermano no hay diferencias reales.

Las diferencias que ves, dan testimonio de que tu aprendizaje no ha sido asimilado totalmente.

Una mente que funciona desde La Zona no estaría proyectando otra cosa que no sea amor. Y en el amor, no hay diferencias.

Cuando reconozcas tu propia paz en los demás, sabrás que has tocado tierra de libertad.

CONFIANZA

Ahora que reconoces que el poder reside en ti, decides usarlo para acortar, cada vez más, la brecha que te separa de la verdad.

Has aprendido a percibir correctamente y a confiar en tu único juicio: no eres lo que has creído ser.

Has logrado milagrosamente resolver situaciones como no podrías haberlo imaginado antes.

Ahora, más que nunca, sabes quien realmente eres y confías en lo que sabes.

Ya nada podrá arrebatar tu paz.

La confianza es el regalo que te has hecho por el trabajo honesto que has realizado.

HONESTIDAD

Tu compromiso es ser congruente con el fin que persigues. Si solo quieres la paz, ningún pensamiento, ninguna palabra y ninguna acción demostrarán lo contrario.

Lo que quieres, lo que piensas, lo que dices y lo que haces, serán un solo pensamiento.

La paz es solo una consecuencia de tu propia honestidad, reflejada en tu coherencia.

La ausencia de la paz también lo es.

GENEROSIDAD

Ya no temes perder, porque sabes que es imposible.

Ya no quieres poseer, porque sabes que no tendrías nada. Ahora, solo quieres compartir, porque así es como podrás confirmar lo que tienes.

Al dar, reconocerás lo que tienes.

Entrega amor a cada paso y estarás cambiando sufrimiento por gozo, escasez por abundancia y pecado por redención.

PACIENCIA

¿A quién podría inquietar saber que regresa a donde nunca se fue, que hay un solo camino y que es imposible perderse?

Reconoce que cada paso es importante para tu aprendizaje, pero no es inevitable.

Demorarte es tu elección.

El camino es uno solo y no se te ha ofrecido otra opción real, porque no la hay.

Cada ves que eliges el amor sobre el miedo avanzas desafiando las leyes del tiempo.

Y cada vez que creas demorarte, reconoce que es otra oportunidad para despertar de tu ilusión. Nada más que eso.

TOLERANCIA

Ya no necesitas juicios que te alejen de tus hermanos. Ya sabes que no puedes ser diferente de ellos.

Ya no necesitas atacar, porque ya no tienes de que defenderte.

Eres uno con ellos.

Todos, parte de un todo que llamamos Dios.

Alegría

La alegría es tu estado natural.

No puedes sentirte de otra manera excepto que elijas dormir y creer en tus sueños.

Eres feliz porque así fuiste creado. Pero solo quienes descubren la paz pueden mirarse al espejo que les dice la verdad.

Conquista la paz y recobra la belleza que está oculta esperando tu despertar.

SENCILLEZ

Ya no tienes que construir paredes que te protejan, ni esconderte detrás de la persona que inventaste ser.

Ya no necesitas más estructuras que te defiendan ni laberintos que te separen de los demás.

Tus pensamientos son simples y así es tu vida.

Eres invulnerable.

FE

La confianza será total cuando sepas que no es el ego quien está a cargo de tu vida.

Ahora, que has abierto tu puerta de par en par, ya sabes quién es tu huésped y qué viene a ofrecerte.

A medida que avances en el único viaje que jamás has emprendido, iras perdiendo una a una las batallas con tu ego. Y esto no será ninguna derrota.

Entenderás que nunca podrías haber perdido aquello que te pertenece y que fue inútil luchar por defender lo que nunca existió.

Tus juicios caerán al escuchar tu última sentencia: eres esencia de Dios y nadie podrá demostrar lo contrario.

GLOSARIO

AMOR: Máxima energía accesible desde nuestra experiencia humana.

CONFLICTO: Situación que se manifiesta desde un pensamiento elegido en el ego. Es necesario para reconocer el error y volver a elegir.

DIOS: Es la máxima experiencia que se puede conocer desde el entendimiento humano. Es la referencia de la grandeza interior. No es nada ni nadie diferente o externo al ser. Es la consecuencia de la ausencia total del ego.

EGO: Conjunto de pensamientos acumulados desde el nacimiento que determinan tu identidad física o personalidad.

LA ZONA: La parte de la mente que está conectada al universo y permite acceder a una inteligencia incondicional o ilimitada.

MANIFESTAR: Es el poder acceder con los cinco sentidos a los pensamientos para reconocerlos. Materializar.

PAZ: Es tu condición natural por razón de quien realmente eres. Es la consecuencia natural de un pensamiento conectado con La Zona.

PERDONAR: Trascender el juicio que originó una condena, reconociendo que su fuente fue una ilusión.

PROYECCIÓN: Extensión de un pensamiento hacia lo que tienes en frente para poder reconocerlo.

PERCEPCIÓN: Aprendizaje de una situación. Su contenido está determinado por la proyección.

REALIDAD: Experiencia externa de un pensamiento. Es el producto de la proyección y se reconoce a través de la percepción.